# LE PREMIER LIVRE

DU

# PETIT LECTEUR FRANÇAIS

OU

## NOUVEAU PRICIPE DE LECTURE

Faisant suite à l'appareil de ce nom du même Auteur

### Par H<sup>te</sup> DUMARCHÉ

Instituteur



PARIS

LIBRAIRIE DE A. JEANDÉ

74, Rue de Rennes, 74

*(Déposé).*  *(Tous droits réservés).*

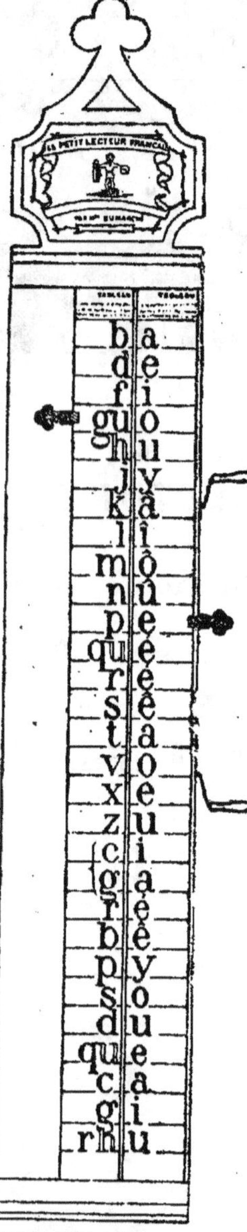


# LE PETIT LECTEUR

Le **P. L.** que représente le dessin ci-contre a pour but d'initier les petits enfants à la lecture et de leur rendre cette étude intéressante.

Cet appareil se compose : 1° d'une table de 0^m,92 c. de long sur 0^m,23 de large ; 2° d'un ruban mobile **b d f** ; 3° de 6 tableaux, **a e i**, qui accompagnent le ruban.

Ce ruban et ces 6 tableaux présentent successivement tous les principes de la lecture ; ils donnent en outre un alphabet minuscule et majuscule (*anglaise cursive*) pour apprendre aux petits enfants à copier et enfin une table de numération qui permet de compter jusqu'à 1.000.

L'étude des lettres est facilitée par l'image d'objets connus, même des plus petits enfants.

Pour aider l'élève dans cette étude des lettres et l'encourager dans le désir qu'il a de bientôt savoir lire, le **P. L.**, dont le va-et-vient du ruban captive son attention, lui apprend à unir les consonnes à la voyelle d'une manière intelligente, lui grave leur nom dans la mémoire, lui permet de lire des mots et même des petites phrases et de passer ainsi les 8 premières leçons de son syllabaire, dès qu'il connaît les voyelles et une ou plusieurs consonnes.

Les autres leçons s'étudient de la même manière, c'est-à-dire que le maître explique la leçon sur le **P. L.** et en fait faire l'application sur le livret.

C'est par ce procédé, à la fois si simple, si juste et si rationnel que l'enfant fera des progrès réels, parce qu'il aura compris le mécanisme de la lecture : mécanisme qui lui rendra facile les leçons de son syllabaire, le conduira en peu de jours au 2ᵉ livre du **Petit Lecteur français** (*en préparation*) et lui facilitera, un peu plus tard, l'orthographe d'usage.

Cet appareil, bien que d'un emploi facile est accompagné d'une brochure explicative (Le **Guide du P. L.**)

Le **P. L.** a été récompensé par la *Société du Nord de la France*, encouragé par plusieurs inspecteurs et honoré d'un grand nombre de lettres très flatteuses.

Il fonctionne aujourd'hui dans un grand nombre de classes et asiles et partout il donne les meilleurs résultats.

H. D.

(*Voir au* Calculateur de l'Enfance).

# LE PREMIER LIVRE

## DU

# PETIT LECTEUR FRANÇAIS

## OU

## NOUVEAU PRINCIPE DE LECTURE

Faisant suite à l'appareil de ce nom du même Auteur

## Par H^te DUMARCHÉ

### Instituteur

JÉSUS BÉNISSANT LES ENFANTS

## PARIS

### LIBRAIRIE DE A. JEANDÉ

74 Rue de Rennes, 74

# PRÉFACE

Ce syllabaire, désigné sous le nom de **Premier Livre du Petit Lecteur Français,** est un résumé des nombreux exercices faits sur l'appareil de ce nom ; il en est le complément, comme le P. L. en est l'initiateur.

Ces deux méthodes sont faites l'une pour l'autre et se complètent, bien que chacune contienne tous les principes de la lecture.

Pour qu'il fût plus facile au Maître de se servir successivement de l'un et de l'autre, le même ordre et la même division y ont été observés.

Afin d'intéresser l'enfant et de lui aplanir les difficultés, on a reproduit les figures du P. L. ; on en a même ajouté quelques autres.

A l'avantage qu'ont les figures de parler à l'enfant et d'aider sa petite intelligence, elles joignent celui de faciliter au Maître les leçons de *choses*, leçons si propres à intéresser l'enfant et à former son jugement.

Dans le même but, on a employé des caractères de diverses grosseurs et subdivisé les leçons en exercices ; le tout formant une page claire, bien divisée, bien remplie, sans être surchargée.

Pour lever une difficulté, on a mis les lettres nulles en *italique penché.*

Ce Syllabaire se divise en quatre parties :

1º Etude des Lettres et des Syllabes simples : 8 leçons.

Etude des Majuscules, des chiffre et des signes : 1 leçon ;

2º Etude des Syllabes inverses et des doubles articulations : 11 leçons ;

3º Etude des Voyelles composées, des sons nasals et des diphtongues : 9 leçons ;

4º Etude de quelques difficultés et lecture courante : 10 leçons.

Chaque leçon se compose :

1º D'une étude de lettres et de sons ;

2º De syllabes formées des mêmes lettres :

3º De mots formés des mêmes éléments ;

4º De petites phrases formant un résumé et une application de la même étude.

Chaque leçon doit être expliquée et étudiée sur le P. L., et c'est seulement lorsque les enfants l'auront bien comprise qu'on devra passer au livre pour en faire l'application. La même leçon sera encore épelée, syllabée et lue couramment avant de passer à la suivante.

Puisse ce petit livre remplir le but que nous nous sommes proposé : accélérer les progrès des élèves et aider le Maître dans l'enseignement de la lecture !

H. D.

# ÉLÉMENTS DE LA LECTURE

**1re PARTIE. — Étude des lettres et des syllabes simples.**

## 1re LEÇON (1re du P. L.)

ÉTUDE DES VOYELLES BRÈVES, LONGUES, ET DES DIFFÉRENTES SORTES D'e

### 1er Exercice

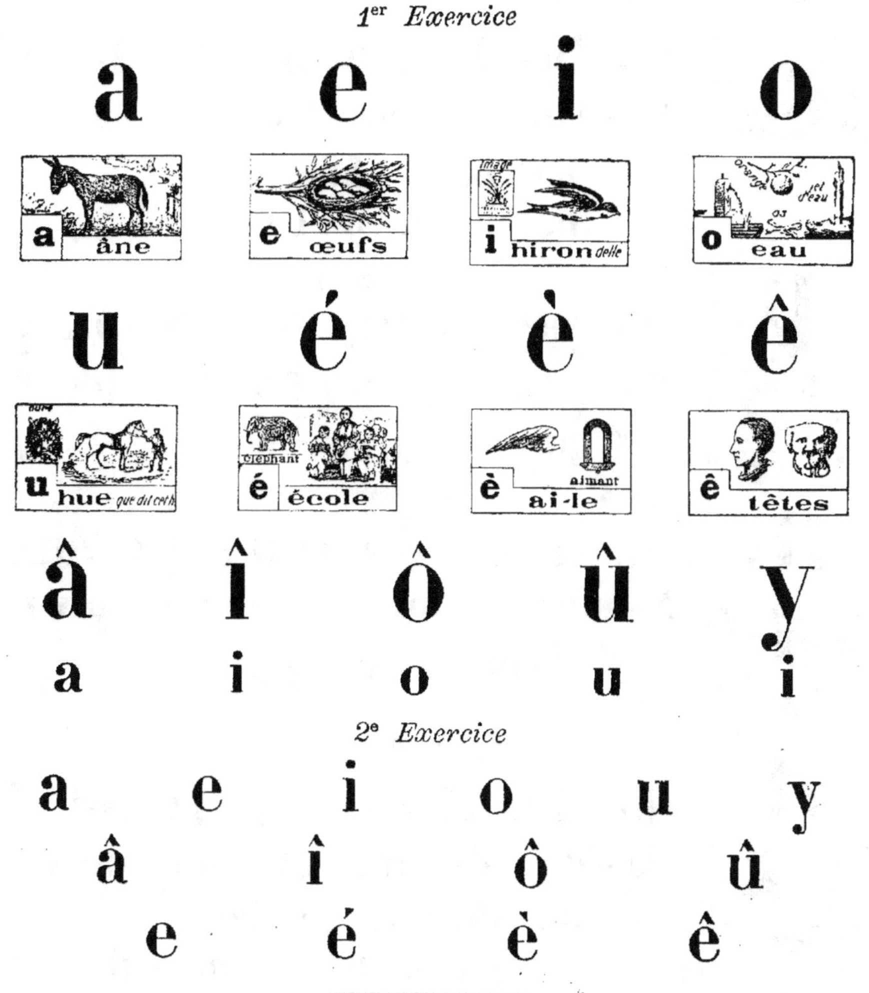



### 2e Exercice

a    e    i    o    u    y

â    î    ô    û

e    é    è    ê

## 2ᵉ LEÇON *(6ᵉ du P. L.)*

### ÉTUDE DES LETTRES ET FORMATION DES SYLLABES

Épeler chaque syllabe avant de l'énoncer

#### 1ᵉʳ *Exercice*

# b  a e i o u y â é

ba be bi bo bu by bâ bé

ba - ba,  bi - bi,  bo - bo,  bé - bé

bé - bé  a  bu

bé - bé  a  o - bé - i

#### 2ᵉ *Exercice*

# p

pa pe pi po pu py pâ pé

pa - pa,  pi - pe,  pa - pe,  po - pe,

pi - pe  à  pa - pa

#### 3ᵉ *Exercice*

# m

ma me mi mo mu my mâ mé

â - me,  a - mi,  a - bî - me,  mi - mi

a - mi  à  pa - pa

#### 4ᵉ *Exercice*

# d

da de di du do dy dô dê

da - da,  de - mi,  da - me,  dô - me,

do - do  de  bé - bé

pa - pa  a  bu  à  mi - di

## ÉTUDE DES LETTRES ET FORMATION DES SYLLABES

*Consonnes étudiées :* **b p m d**

### 1ᵉʳ *Exercice*

# t e a i u o y ô ê

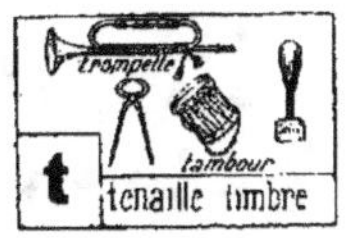

**te ta ti tu to ty tô tê**

tê-te, é-tu-de, bâ-ti, é-té
to-me, pi-é-té, pâ-té, tu-be

to-to a é-tu-di-é
pa-pa a é-té dé-pu-té

# f

### 2ᵉ *Exercice*

**fe fa fi fu fo fy fô fê**

fa-de, fi-fi, fê-te, fu-m-é *e*

fi-fi a é-té à da-da

### 3ᵉ *Exercice*

# v

**ve va vi vu vo vy vô vê**

vi-de, vo-te, pa-vé, é-va-dé
vê-tu, fè-ve, é-vi-té

pa-pa a vo-té
fê-te à pa-pa

# 4e LEÇON *(6e du* P. L.*)*

### ÉTUDE DES LETTRES ET FORMATION DES SYLLABES

*Consonnes étudiées :* b p m d t l v

### 1er *Exercice.*

## l o i e a u y a è

lo li le la lu ly la lè

la‑me, li‑me, lo‑to, é‑lè‑ve

é‑mi‑le lè‑ve la tê‑te

### 2e *Exercice*

## r

ro ri re ra ru ry ra rè

ra‑re, a‑va‑re, ro‑be, ra‑me

ti‑re‑li‑re, ro‑me, a‑ra‑be

va‑lè‑re a é‑t‑é à ro‑me

le pè‑re de va‑le‑ry

### 3e *Exercice*

## s

so si se sa su sy sa sè

sa‑me‑di, sè‑ve, sa‑lé, si‑te

so‑lo, sû‑re, sy‑no‑de, se‑mé

ma‑da‑me a sa‑lé le rô‑ti

pa‑pa a se‑mé de la sa‑la‑de

## ÉTUDE DES LETTRES ET FORMATION DES SYLLABES

*Consonnes étudiées :* b p m d t f v l r s

### 1er *Exercice*

**c-s** a i o u e y é è

ci     ce cy cé cè

ce-ci, ce-la, ra-ci-ne, ci-re

cé-ci-le, li-ma-ce, cé-le-ri

la sa-la-de de cé-le-ri

### 2e *Exercice*

**z** za zi zo zu zy zé zè

zè-de, zé-ro, zé-lé, zo-é

fi-dè-le a ti-ré zé-ro

### 3e *Exercice*

**j** ja ji jo ju je jy jé jè

ju-ju-be, dé-jà, jo-li

le jo-li da-da de pa-pa

la ju-ju-be de zo-é

### 4e *Exercice*

**g-j** gi ge gy gé gè

i-ma-ge, gî-te, gi-ra-fe

la ca-ge de la gi-ra-fe

# 6ᵉ LEÇON (*6ᵉ du P. L.*)

## ÉTUDE DES LETTRES ET FORMATION DES SYLLABES

Consonnes étudiées : **b p m d t f v l z s c z**

OBSERVATION : *Les lettres muettes sont maigrettes italiques*

### 1ᵉʳ Exercice

# q a e o u i y é ê

qu̲a  que̲  qu̲o  qu̲  qu̲i  qué  quê̲

pà - que̲,   la - que̲,   pi - qû - re

é - mi - le̲   a   é - té   pi - qué

### 2ᵉ Exercice

**c-q**  **ca**  **co**  **cu**

ca - fé,  é - co - le,  ca - ve,  cu - ré

ca - ba - ne,   co - co - ri - co

la  jo - lie̲  ca - ge  de  fi - fi

le  co - co,  le  ca-fé  de  la  fê-te

### 3ᵉ Exercice

**k-q**  **ka  ke  ko  ku  ki  ky  ké  kê**

ké - pi,  co - ke,  ki - lo,  ki - ki - ri - ki

le  ké - pi  de  ré - mi

### 4ᵉ Exercice

**g**  **gu̲e**  **gu̲i**  **gu̲é**  **gu̲ê**

ba - gu̲e,  do - gu̲e,  fi - gu̲e,  gu̲i - de

la  ba - gu̲e  de  cé - ci - le

la  gu̲ê - pe  a  pi - qué  ré - mi

ÉTUDE DES LETTRES ET FORMATION DES SYLLABES

*Consonnes étudiées :* b p m d t f v l r s c z j g q c k g

*1ᵉʳ Exercice*

# g-gᵤe   e i a o u y é

ge        ga  go  gu

ga – lè – re,   ri – go – le,   fi – gu – re

a – ga – te,   ci – ga – le,   lé – gu – me

a-ga-te  a  é-ga-ré  sa  ba-gue

*2ᵉ Exercice*

# n   ne  ni  na  no  nu  ny  né

à – ne,   no – te,   ca – na – ri,   nu

lu – ne,   fi – ni,   do – mi – no,   mi – ne

le  do – mi – no  de  re – né

ré-mi  a  ti-ré  le  nu-mé-ro **1**

*3ᵉ Exercice*

# h-e   *he  hi  ha  ho  hu  hy  hé*

*ha-bi-le,  hu-ne,  hy-è-ne,  hè-re*

*no-é ha-bi-te u-ne ca-ba-ne*

*4ᵉ Exercice*

# X-CS   xe  xi  xa  xo  xu  xy  xé

ta – xe,   fi – xe,   lu – xe,   ri – xe

ru – ti – le  a  é-té  bo-xé

# 8ᵉ LEÇON

### RÉCAPITULATION DES LEÇONS PRÉCÉDENTES

*1ᵉʳ Exercice*

bé-bé va à da-da
é-mi-le a o-bé-i à sa mè-re
jé-rô-me a lu u-ne pa-ge
ti-ti a dé-jà u-ne to-que
la ca-ra-fe, le ca-na-pé du cu-ré
le jo-li ké-pi de ré-mi
le pè-re, la mè-re de va-le-ry
jé-rô-me a bâ-ti u-ne ca-ba-ne
le pâ-té, la sa-la-de de la fê-te
o-vi-de a la pa-ro-le fa-ci-le

*2ᵉ Exercice*

é-mi-le a la tê-te du-re
zo-é a u-ne ro-be fi-ne
pa-pa a vu le pa-pe à ro-me
va-lè-re a vu pa-pa à mi-di
le ka-by-le a tu-é u-ne gi-ra-fe
la do-ru-re de la ly-re
la ca-ge du jo-li ca-na-ri
pa-pa a fu-mé sa pi-pe
ma-da-me a vu le ma-la-de

ÉTUDE DES MAJUSCULES, DES CHIFFRES ET DES SIGNES

## 1er *Exercice*

A B C D E F G H I J K L M
a b c d e f g h i j k l m

N O P Q R S T U V W X Y Z
n o p q r s t u v w x y z

## 2e *Exercice*

0 1 2 3 4 5 6 7 8 9

**Accents**

Signes   /   \   ^   ç   '   -   ..
    aigu  grave  circonflexe  cédille  apostrophe  trait-d'union  tréma

Ponctuations   ,   ;   :   .   ?   !   ...
    virgule  point virgule  deux points  point  point d'interr.  point d'excl.  point de susp.

## 3e *Exercice*

A-dè-le, Bé-bé, Ca-ro-li-ne, Di-o-do-re, É-mi-le,
Fa-ri-ne, Ga-lè-re, *Ho*-mè-re, I-ré-né, Ju-le*s*,
Ki-lo, Lu-ce, Ma-ri-a, No-é, O-vi-de,
Pa-ra-di*s*, Qui-to, Ro-me, Ta-ba-go,
U-ni, Va-lé-ry, Xé-rès, Y-é-do, Zè-de.

*Majuscules à nommer :*

# VIVE LA FRANCE !

2ᵉ PARTIE. — Étude des syllabes inverses et des doubles articulations.

## 10ᵉ LEÇON (*8ᵉ du* P. L.)

### ÉTUDE DES SYLLABES INVERSES

#### 1ᵉʳ *Exercice*

### a b c d l p r s t

**ab ac ad al ap ar as at**

ab-ju-ré, ar-mu-re, al-cô-ve
ap-ti-tu-de, ar-ti-fi-ce, al-to, ac-te
ar-gi-le, ac-ti-vi-té, Al-ma

I-sa-ac a u-ne ar-ba-lè-te
Ni-co-le as-pi-re u-ne ro-se
La-za-re ad-mi-re u-ne ar-ca-de
Ar-sè-ne a u-ne ar-me so-li-de

#### 2ᵉ *Exercice*

### o ob oc od ol op or os ot

ob-sé-dé, ob-te-nu, Oc-ta-ve
or-gue, or-me, op-ti-que
or-bi-te, or-ga-ne, or-ge

Nu-ma a or-né sa pa-ge
No-é a ob-te-nu u-ne i-ma-ge
Jo-vi-te a u-ne ar-mu-re

ÉTUDE DES SYLLABES INVERSES

*1er Exercice*

**i**  **b c d l p r s t**

ib  ic  id  il  ip  ir  is  it

il,  ir-ri-té,  is-ma-é-li-te
Is-ra-ël,  Is-ly,  ir-ré-so-lu

O-vi-de  a  ir-ri-té  le  do-gue
I-ci, il y a u-ne jo-lie al-cô-ve

*2e Exercice*

**e**  **eb  ec  ed  el  ep  er  es  et**

ré-el,  ac-tu-el,  Sa-mu-el
es-ca-pa-de,  er-mi-ta-ge
es-pa-ce,  ré-el,  es-ti-mé

Ar-sè-ne  a  vu  Sa-mu-el

*3e Exercice*

**u**  **ub  uc  ud  ul  up  ur  us  ut**

ur-ne,  ul-cè-re,  ur-ba-ni-té

le  jo-li  ca-nif  de  Fi-dè-le
Nu-ma  a  u-ne  ur-ne
la  car-te  de  Bar-na-bé

# 12ᵉ LEÇON *(8ᵉ du P. L.)*

## ÉTUDE DES SYLLABES INVERSES (APPLICATION)

### 1ᵉʳ *Exercice.*

**a** lac, sac, cas-ca-de, ca-nal
gé-né-ral, mor-su-re, mal
Lu-do-vic a vu le gé-né-ral

**e** lec-tu-re, mer, fer, ger-be
par-ter-re, ver, bec, ser-pe
la cas-ca-de du par-ter-re
oh! que la mer est (è) bel-le

### 2ᵉ *Exercice*

**i** ma-la-dif, par-tir, ve-nir
cap-tif, vif, nil, tic-tac
le jo-li til-bu-ry de pa-pa

**o** bor-du-re, bol, col, for-te
roc, soc, cor-de, dor-mir
le cos-tu-me de Vic-tor

**u** dur, mur, suc, duc, cal-cul
cul-bu-te, bus-te, pur, nul
la cul-bu-te du mar-mot
le til-bu-ry a cul-bu-té

# 13<sup>e</sup> LEÇON

## ÉTUDE DES SYLLABES INVERSES

### APPLICATION

#### 1<sup>er</sup> *Exercice*

Le gé-né-ral a é-té ma-ti-nal
Gus-ta-ve a le ca-nif de Fé-lix
Pas-cal a vu le Sé-né-gal
Le cos-tu-me du Car-di-nal
La cul-tu-re a-mé-li-o-re le sol
L'u-ni-for-me du co-lo-nel
Mé-dor gar-de la fer-me

#### 2<sup>e</sup> *Exercice*

Mé-dor a mor-du Sul-pi-ce
La mor-su-re a é-té fu-nes-te
Re-né a la car-te de Vic-tor
Le gé-né-ral par-ti-ra mar-di
La bar-be du ca-po-ral
Fé-lix a fer-mé la por-te
Ad-mi-re la pi-é-té de Vic-tor

# 14e LEÇON

## ÉTUDE DES DOUBLES CONSONNES

*1er Exercice*

bb=b  Mr l'a-bbé va ve-nir

cc=c  Lu-do-vic a a-ccor-dé le pi-a-no

ff=f  Le ma-la-de est (è) a-ffa-mé
E-mi-le a lu u-ne pa-ge di-ffi-ci-le

ll=l  Gus-ta-ve a reçu Mr l'a-bbé
Re-né a co-llé sa car-te

mm=m  La co-mmo-de est dé-co-llée
Ca-ro-li-ne a u-ne po-mme

*2e Exercice*

nn=n  Le sol-dat a vu l'e-nne-mi
L'e-nne-mi a é-té re-co-nnu

pp=p  Ca-lis-te a sa-li la na-ppe

rr=r  Gas-par a-rri-ve-ra mar-di

ss=s  Le gé-né-ral a pa-ssé la re-vue
Mar-gue-ri-te a ca-ssé le ve-rre

tt=t  De-nis, je-tte ce-tte po-mme
Mé-dor a é-té ba-ttu

## ÉTUDE DES ARTICULATIONS COMPOSÉES
### Epeler chaque syllabe avant de l'énoncer

#### 1ᵉʳ *Exercice*

**b-l**  **a  e  i  o  u  é**

**bl**   **bla  ble  bli  blo  blu  blé**

**blà me,  blê me,  bi ble,  ta ble
su bli me,  blo qué,  ré ta bli**

**Re mi  a  ré ci té  u ne  fa ble
la  lec tu re  de  la  bi ble**

#### 2ᵉ *Exercice*

**b-r**  **bra  bre  bri  bro  bru  bré**

**br**   **bra ve,  sa bre,  bri de,  bro dé
brû lu re,  bru ni,  brè ve**

**le  jo li  sa bre  du  gé né ral
ce  bloc  a  é té  bru ni**

#### 3ᵉ *Exercice*

**ch**   **cha  che  chi  cho  chu  ché**

**cha ri té,  che val,  chi ca ne
chê ne,  ha che,  cho pe,  chu te**

**la  bri de  du  che val
le  chat  de  la  mè re  Mi chel**

# 16ᵉ LEÇON (10ᵉ du P. L.)

## ÉTUDE DES ARTICULATIONS COMPOSÉES

### 1ᵉʳ *Exercice*

## c-l a e i o u é

**cl**   cla cle cli clo clu clé

cla que, clo che, clô tu re, clu ny
clar té, cler gé, clé, cla sse

la  clô tu re  du  par ter re
la  clo che  a ppel le  à  l'é co le

### 2ᵉ *Exercice*

## c-r cra cre cri cro cru cré

**cr**   crâ ne, crê me, cri me, cru che
é cri tu re, cré a tu re, su cre

u ne  tar te  à  la  crê me
E mi le a u ne bel le é cri tu re

### 3ᵉ *Exercice*

## d-r dra dre dri dro dru dré

**dr**   dra me, or dre, dro gue, ca dre
ci dre, cè dre, dra pe rie, dru

la  dro gue  a mè re
l'or dre  a  é té  ré ta bli

## ÉTUDE DES ARTICULATIONS COMPOSÉES

### 1er Exercice

**f-l** a é e i o u é

**fl**    fla fle fli flo flu flé

fla que, flo re, flû te, flè che
gi ro flé*e*, ré flé chi, fla mme

Re né a u ne bel le flo re
E mi le a re çu u ne flû te

### 2e Exercice

**f-r** fra fre fri fro fru fré

**fr** fra gi le, frè re, fri tu re, frê ne
fro ma ge, fru ga li té, fré ga te

Fé li ci*e* a ser vi du fro ma ge
la fru ga li té est (è) u ne ver tu
l'a mi ral de la fré ga te

### 3e Exercice

**g-l** gla gle gli glo glu glé

**gl** gla ce, glo be, rè gle, glè be
né gli gé, glo bu le, gli ssa de

A mé dé*e* va sur la gla ce
le glo be, la rè gle de la cla sse
u ne é cri tu re né gli gé*e*

# 18ᵉ LEÇON
## ÉTUDE DES ARTICULATIONS COMPOSÉES
### 1ᵉʳ *Exercice*

# gn a e i o u é

gna gne gni gno gnu gné

vi gne, di gni té, si gna lé, rè gne
vi gno ble, ma gni fi que, I gna ce

ce vi gno ble est (è) ma gni fi que
l'é par gne a mè ne la ri ches se
u ne si gna tu re il li si ble

### 2ᵉ *Exercice*

# g-r
## gr

gra gre gri gro gru gré

gra vi té, gri ve, grè ve, gri ma ce
gri fle, gro tte, gre na de

la grê le a ra va gé la vi gne
la gri ve est (è) re cher chée
la gra vi té du ju ge

### 3ᵉ *Exercice*

# p-l
## pl

pla ple pli plo plu plé

pla ce, plu me, pla que, pla ta ne,
Pla ci de, pli, dé plo ra ble

le plu ma ge du cy gne
le pla ta ne de la pla ce
Ju li a a pli é l'é to ffe

ÉTUDE DES ARTICULATIONS COMPOSÉES

*1er Exercice*

# p-r a e i o u é

**pr**   **pra pre pri pro pru pré**

pru ne,   pro pre,   pra ti que,   pré
pro me na de,   prô ne,   lè pre

Fré dé ric va à la pro me na de
la pré fa ce de ce vo lu me

*2e Exercice*

# t-r

**tr**   **tra tre tri tro tru tré**

tra ce,   trè ve,   trô ne,   tri bu ne
mè tre,   fe nê tre,   ex tra

le pu pi tre de la tri bu ne
la co car de tri co lo re
la tra ver se de la ta ble

*3e Exercice*

# v-r

**vr**   **vra vre vri vro vru vré**

lè vre,   li vre,   i vro gne
a vril,   li è vre,   chè vre

A na to le a mal à la lè vre
A vril ra ni me la na tu re
Pla ci de a u ne plu me

# 20ᵉ LEÇON

## ÉTUDE DES ARTICULATIONS COMPOSÉES. — RÉCAPITULATION

### 1ᵉʳ *Exercice*

Jérôme a versé la cruche
Apolline a servi une friture
la bride du cheval a cassé
la cloche appelle les fidèles
papa a acheté du cidre
Manuel néglige l'écriture
Irma a déchiré sa robe
Céline a une jolie écriture
Hippolyte étudie la musique

### 2ᵉ *Exercice*

Fortuné a tué une grive
la propreté est une vertu
Félicité a cassé une vitre
le malade a pris la drogue
le crime ôte le repos
le chat a volé le fromage
Emile a acheté une flûte
la broderie de la nappe
la frugalité est une vertu

**3e PARTIE.** — Etude des voyelles composées, des sons nasals et des diphtongues

## 21e LEÇON (*11e du* P. L.)

### ÉTUDE DES VOYELLES COMPOSÉES

#### 1er *Exercice*

**ai = è**

**ai le, fai re, lai ne, do mai ne
ba lai, mai re, se mai ne
Hi lai re, vi cai re, hai ne, chaî ne**

le do mai ne de no tre mai re
le sa lai re du pe tit Hi lai re

#### 2e *Exercice*

**ei = è**

**rei ne, nei ge, vei ne, pei gne
Ma de lei ne, sei gle, ba lei ne
Sei ne, pei ne, sei ze, tei gne**

la Sei ne pas se à Pa ri*s*
Ma de lei ne a vu u ne ba lei ne
le sei gle de la plai ne

#### 3e *Exercice*

**au = ô**

**au ro re, fau te, pau vre, pau me
tau pe, gau che, é pau le, sau le
gui mau ve, bau de*t* (dè), sau va ge**

ce bau me a sau vé Pau li ne
le nau fra ge du na vi re
de la ra ci ne de gui mau ve
le na vi re a fai*t* nau frage

# 22e LEÇON

## ÉTUDE DES VOYELLES COMPOSÉES

### 1er Exercice

**eau=ô** beau, peau, veau, ri deáu, veau
ra meau, cha peau, mar teau
a gneau, dra peau, ta bleau

le ri deau du ta bleau
la peau du pe tit a gneau
le cha peau de pa pa est (è) beau

### 2e Exercice

**eu = e** feu, jeu, neu ve, meu le, seu le
*h*eu re, che veu, meu ble, ne veu
jeu ne, Eu gè ne, jeu di

le feu a pris à la meu le
pa pa a a che té ce meu ble
Eu gè ne a rri ve à l'*h*eu re

### 3e Exercice

**ou** bou le, pou le, fou le, dou ce
cou, ge nou, cou de, sou pe
jou jou, hi bou, tou pi*e*

la bel le pou le rou sse
pa pa jou*e* à la bou le
Eu gè ne jou*e* à la tou pi*e*

## ÉTUDE DES SONS NASALS

### 1ᵉʳ *Exercice*

**an**

an ge, ban de, lan ce, can ti que
ma man, Fan fan, tan te, ru ban

la ma man de Fan fan
An dré a vu sa tan te di man che
Fan fan man ge u ne a man de

**am = an**

lam pe, jam be, ram pe, am bre
cam pa gne, gam ba de, am bi gu

la dan se de la cam pa gne
ma man a u ne bel le lam pe

### 2ᵉ *Exercice*

**en = an**

en fant, pa ren*t*, ren te, ven te
en ten dre, fen dre, men tir

la pen du le de la clas se
Hen ri a ven du ce cou teau

**em = an**

en sem ble, em pa ré, tem pê te
tem ple, ten te, no vem bre

la fer me tu re du tem ple
la tem pé ra tu re est (è) dou ce
la tem pé ran ce est u ne ver tu

# 24e LEÇON

## ÉTUDE DES SONS NASALS

### *1er Exercice*

**in**

la pin, mou lin, jar din, sa pin
vin, lin, mé de cin, se rin
An to nin, Va len tin, Fir min

Va len tin a tu é le la pin
le mou lin de Cons tan tin
le gen ti*l* se rin du jar din

### *2e Exercice*

**im = in** im pu ni, im po li, tim bre

**yn = in** syn dic, syn ta xe, syn co pe

**ym = in** sym bo le, cym ba le, tym pan
Hi lai re é tu di*e* la syn ta xe

### *3e Exercice*

**aim = in** daim, faim, é taim, es saim
le gar de a tu é le daim

**ain = in** pain, le vain, de main, Ro main
pou lain, re gain, bain, main
An to nin a ven du le pou lain

**ein = in** pein tre, cein tu re, tein te
Hen ri a u ne cein tu re neu ve
en fant, ne jet te pas le pain

# 25ᵉ LEÇON

## ÉTUDE DES SONS NASALS

### 1ᵉʳ *Exercice*

**on**

on cle, mon tre, ron de, din don
jam bon, pin son, me lon
Lé on, Si mon, Ro lon, Si mé on

le mou ton, le din don de Lé on
Si mon a ven du son pin son
Gas ton est (è) bon gar çon

### 2ᵉ *Exercice*

**om = on**

bom be, pom pe, tom be, on de
on cle, om bra ge, tom beau

le ra meau de la co lom be
Mʳ le com te est (è) au sa lon

### 3ᵉ *Exercice*

**un = 1**

lun di, a lun. cha cun, Me lun
au cun, Ver dun, Lou dun

lun di nous i rons à Me lun
Gas ton a vu Au tun et Ver dun

**um = 1**

par fum, hum ble

le par fum de la ro se

Pa pa m'a don né u ne mon tre
Lé on a un beau pan ta lon

# 26ᵉ LEÇON

ÉTUDE DES VOYELLES COMPOSÉES ET DES SONS NASALS
RÉCAPITULATION

## 1ᵉʳ *Exercice*

En fan*t*, *ho* no re ton pè re et ta mè re
Si mon a vu sa tan te lun di
An dré va à Ly on jeu di ma tin
*H*en ri a ven du son che val
*H*o no ri ne a un beau ru ban
Au jar din, il y a un beau sa pin
    et (é) un jo li ni*d* de se rin*s*
La vi gne don ne du rai sin
Bru no a ven du ses din don*s*

## 2ᵉ *Exercice*

Le vin est (è) le ju*s* du rai sin
Si mé on a re çu un ba llon
le mou ton don ne sa lai ne
mon frè re gar de le*s* mou ton*s*
mon on cle a rri ve de main
jeu di, je fe rai un dra gon
à la mai son, il y a on ze pou le*s*
un coq et qua tre la pin*s*
ai mon*s*-nou*s* les un*s* les au tre*s*

## ÉTUDE DES DIPHTONGUES

### 1er *Exercice*

**i-a**
**ia**

di a cre,   fi a cre,   pi a no
di a lo gue,   di a dè me,   di a ne
A na to le est mon té en fi a cre

**i-é**
**ié**

pi é ton,   si é ge,   so ci é té
a mi ti é,   pi é ge,   pi é des tal
la vrai*e* a mi ti é est (è) ra re

### 2e *Exercice*

**i-è**
**iè**

bi è re,   fi è vre,   vo li è re
li è vre,   ri vi è re,   lu mi è re

pa pa a tu é un li è vre
Ju li*e* a ca ssé la sou pi è re
mon on cle a u ne ta ba ti è re

### 3e *Exercice*

**i-o**
**io**

fi o le,   pi o che,   vi o lon
la lu mi è re fa ti gue Si mé on
le beau son de ce vi o lon

**o-i**
**oa**

boî te,   poi vre,   boi re,   Loi re
toi le,   i voi re,   é cri toi re

la voi tu re du pe tit Gré goi re
E loi est la joi*e* de Vic toi re

# 28ᵉ LEÇON

## ÉTUDE DES DIPHTONGUES

### 1ᵉʳ Exercice

**i-an**
ian

con fi an ce,   va ri an te,   vi an de

Lé on  a  la  fi gu re  ri an te
la  con fi an ce  a ssu re  le  suc cès

**i-en**
i-in

bi en,  gar di en,  Ju li en,  chi en
ri en,  sou ti en,  an ci en,  li en

Ju li en  est  bon  mu si ci en
le  pain  est  l'a li ment  quo ti dien

### 2ᵉ Exercice

**i-on**
ion

re li gi on,   ré u ni on,   pen si on
pro vi si on,   ca mi on,   flu xi on

Hen ri  va  à  la  ré u ni on
Si mé on  va  en  pen si on
l'u ni on  fait  la  for ce

### 3ᵉ Exercice

**i-au**
iau

le   chat   mi au le
le   pous sin   pi au le

**i-eu**
ieu

Di eu,  a di eu,  mi li eu,  pi eu

Di eu  est  (è)  en  tous  li eu$x$
A di eu,  au  re voir  aux  ci eu$x$ !

### ÉTUDE DES DIPHTHONGUES

#### 1ᵉʳ *Exercice*

**O - in**
oin

coin, loin, té moin, poin te
poin çon, re coin, be soin

Ju li en a é té té moin
Ju les a soin de ses (sè) li vres

**OU - i**
oui

Lou is a tu é u ne fou i ne
Au mot oui, a jou tez : oui pa pa
Oui ma man, oui mon sieur
Oui ma da me, oui ma tan te

#### 2ᵉ *Exercice*

**U - i**
ui

cu i vre, cu i te, lui, é tui
con dui te, fui te, hui le

l'é tui de Ca ro li ne lui t
le cui vre est un mé tal jau ne

**U - in**
uin

Viens, beau mois de ju in
Di manche j'i rai voir ma tan te
An toi ne a dé chi ré son li vre
La sou pe fait le bon sol dat
Ho no re la tom be de tes pa rents

## 30ᵉ LEÇON (*15ᵉ du* P. L.)

ÉTUDE DU TRÉMA ET DE *ill*

### 1ᵉʳ *Exercice*

aï = a - i    Sinaï,   naïveté,   laïque
oï = o - i    Moïse,   héroïque,   ouï-dire
uë = u - e    ciguë,   aiguë,   contiguë
aü = a - u    Saül,   Esaü,   Isaï

Tu ne dois haïr personne

### 2ᵉ *Exercice*

ill = lieu    bille,   fille,   famille,   feuille
tenaille,   paille,   caille,   taille
corbeille,   bouteille,   oreille

L'aiguille de la petite fille
L'âne a de longues oreilles

### 3ᵉ *Exercice*

eur    laboureur,   majeur,   douleur
le Sauveur bénit le travailleur
œu = e    œuvre,   manœuvre,   œuf
œur    cœur,   sœur,   ma sœur Emilie
our    cour,   four,   jour,   amour
pour,   tour,   source,   journal

la mouche dit : bour bour bour
enfant, dis ta prière chaque jour

## ÉTUDE DES SONS ÉQUIVALENTS

### 1er *Exercice*

ç = s  le çon,  fa ça de,  li ma çon
gar çon,  ma çon,  fa çon,  re çu
ba lan çoi re,  Fran çois,  gla çon

le li ma çon mon tre ses cor nes
le Fran çais  est bon  sol dat

ti = si  mi nu tie,  i ner tie,  i nep tie
na ti on,  a tten ti on,  ac ti on

l'é du ca ti on pas se l'ins truc ti on

### 2e *Exercice*

s = z  vi sa ge,  mi sè re,  é gli se,  vi si te
mu si que,  pri son,  noi se tte

la ro se est la rei ne des fleurs
l'é gli se est la mai son de Dieu

x = gz  Xa vi er,  e xem ple,  e xé cu ti on
x = z  di zi è me,  on zi è me,  dou zi è me
y = ii  ra yon,  cra yon,  tu yau,  pa ys
mi to yen,  no yau,  em plo yé

la lo yau té de l'em plo yé
es pé rons le ro yau me des cieux

# 32ᵉ LEÇON

## ÉTUDE DES SONS ÉQUIVALENTS

### 1ᵉʳ Exercice

rh = r     *rhé* to ri que,   *rhé* teur,   **Rhô** ne
          **R***h*in,   *rhé* na ne,   *rhi* no cé ros

th = t     *thé*,   *thé* à tre,   *thé* iè re
          *th*è me,   **T***hé* o do re,   **Thé** rè se

          **T***hé* o dore   a   su   son   *th*è me

chr = cr     *chr*ê me,   **C**hris ti ne,   *chro* me
          *chro* ni que,   *chr*y sa li de,   *chré* tien

          le   *chr*is ti a nis me   est   su bli me

### 2ᵉ Exercice

ph = f     *ph*a re,   *ph*a se,   pa ra *ph*e,   **J**o sep*h*
          **P***h*i li ppe,   *ph*y lo xé ra,   *ph*o que

          le   pa ra *ph*e   de   **P***h*i li ppe

phr = fr     *ph*ra se,   *ph*ra ser,   **Ph**ry gie

p - s     p sal mis te, p sal mo di er, p sau me

sc = s     s*c*è ne,   s*ci* en ce,   s*c*e llé

sc = sq     s*c*a lè ne,   s*c*a ra bée,   s*c*o rie

s - p     s pa tu le,   s pi ra le,   s pec ta cle

s - t     s ta de,   s tè re,   s to re,   s ty le

          la   s*ci* en ce   é lè ve   l'*h*o mme

## ÉTUDE DES SONS ÉQUIVALENTS

### 1er *Exercice*

| | |
|---|---|
| e = a | fem me,  so len ni té,  pru dem ment |
| er = é | ai mer,  a ller,  ti rer,  par ler,  ver ger |
| | pa pi er,  o li vi er,  le vi er,  a te li er |
| ez = é | a llez,  ve nez,  chan tez,  par lez,  nez |
| et = è | bé ret,  pou let,  du vet,  na vet |
| | ja rret,  pré fet,  par quet,  vo let |
| aient = è | ils ri *aient*,  ils jou *aient*,  ils li sai*ent* |
| ent = e | ils ri *ent*,  ils boi ve*nt*,  ils voi *ent* |

### 2e *Exercice*

| | |
|---|---|
| ean = an | Jean,  Jean ne,  da me - jean ne |
| en = in | en ne mi,  men tor,  eu ro pé en |
| eu = u | j'ai eu,  tu as eu,  il eu*t*,  el le eu*t* |
| œ = e | œ dè me,  OE di pe,  œ il,  œ ille tte |
| um = ome | al bum,  *har* mo ni um,  mé di um |

É mi le  a  mal  au  nez
Le pe tit Jean a per du son bé ret
Le  beau  du vet  du  pou let
Le  pré fet  est  un  ma gis trat
En fan*ts*, ai mez la vie de*s* champs
Ma *th*u rin  ar ro se  les  fleurs

# 34e LEÇON

## ÉTUDES DES LETTRES NULLES

### 1er Exercice

| | |
|---|---|
| a | re pas, sol dat, a vo cat, é tat |
| e | ho mmes, vê pres, li vres, lits |
| i | pe tit, ha bit, nid, prix |
| o | sa bot, tri cot, trop, ma te lot |
| u | ver tus, tri buts, ré so lus, é lus |

### 2e Exercice

| | |
|---|---|
| eau = o | a gneaux, veaux, ca deaux |
| eu = e | eux, che veux, vœux, nœuds |
| ou | bi joux, ge noux, vous, pouls |
| an | en fant, temps, blanc, champ |
| in | la pins, plainds, seing |
| on | pont, blond, o blong, plomb |
| un | par fums, dé funt, tri buns |

### 3e Exercice

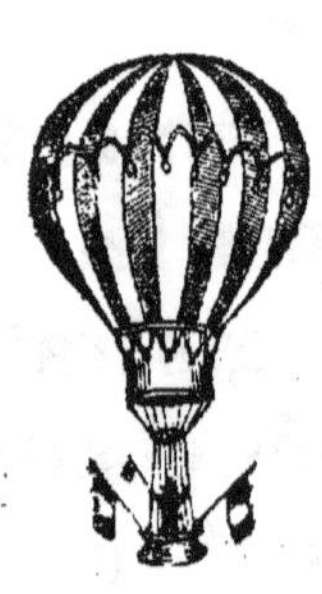

Do ro thée a les che veux blonds
Ju li en gar de les a gneaux
les che vaux de la fer me
le plomb est un mé tal gri sà tre
pro fi tons bien du temps
pen sons à nos chers dé funts

# LE PETIT PIERRE

Le petit Pierre rentrait un jour bien joyeux à la maison.

Après avoir embrassé papa et maman, il leur annonça une grande nouvelle.

Vous la devinez, mes petits amis.

Pierre avait fini son premier livre, et, comme il le savait bien, on lui en promit un nouveau.

Vous comprenez sa joie et son bo*nh*eur, et combien ses bons parents furent *heu*reux.

Ceux d'entre vous, mes bons petits amis, qui ont imité Pierre dans son application partageront bientôt son bo*nh*eur.

Ceux qui ne l'ont suivi que de loin, recommenceront leur livre, et se rappelleront que celui qui n'avance pas recule, et qu'un nouveau livre est la récompense de la sagesse, du travail et de l'application.

# LA JOURNÉE DE LÉON

Lé on est un gen til pe tit gar çon de cinq ans et de mi.

Le ma tin, il s'é vei lle en tre 6 et 7 heu res et de man de au ssi tôt qu'on le lè ve.

Sa sœur Mar the, à qui il tar de de voir son pe tit frè re, ar ri ve au ssi tôt, et Lé on, qui l'ai me beau coup, lui tend ses pe tits bras pour l'em bra sser.

Mar the ha bi lle son pe tit frè re, lui la ve la fi gu re et les mains, le pei gne, et lui fait fai re en sui te sa priè re.

A lors Lé on va di re bon jour à son pa pa et à sa ma man, et les em bra sse bien ten dre ment.

Et le pa pa et la ma man sont bien con tents de leur pe tit Lé on.

Tout pe tit qu'il est, Lé on se tient très bien à ta ble ; il man ge pro pre ment, ni trop vi te, ni trop len te ment.

Quand il a be soin de pain, il dit : Pa pa, don ne-moi du pain, s'il te plaît.

Quand il veut boi re, il dit : Ma man, don ne-moi à boi re, je te prie.

Et quand on l'a ser vi, il dit tou jours : Mer ci, bon pa pa; mer ci, bon ne ma man.

Quand il de man de quel que cho se, il dit tou jours : Je vous prie ; s'il vous plaît.

Et quand il re çoit quel que cho se, il n'ou blie ja mais de di re : Je vous re mer cie...

Quand il ne veut pas ac cep ter, il re fu se en di sant : Non, merci...

N'est-ce pas qu'il est bien gen til le pe tit Lé on?

A près le re pas, Lé on va s'a mu ser dans le jar din ; en sui te, il re vient près de sa ma man et la prie de lui fai re di re sa le çon.

Lé on est très at ten tif pen dant sa le çon ; aus si il fait de grands pro grès ; bien tôt il sau ra li re cou ram ment, et sa ma man lui a chè te ra un beau li vre.

Ain si se pa sse la jour née, et puis, quand le soir est ve nu, Lé on ré pè te en co re sa le çon, prend son re pas du soir, dit sa pe ti te priè re, em bra sse pa pa et ma man, et prie sa sœur de le me ner cou cher.

Et quand Mar the l'a bien ar ran gé dans son pe tit lit, elle l'em bra sse bien ten dre ment, et Lé on s'en dort sous le re gard du bon Dieu et sous la gar de de son an ge gar dien.

# LA TOUR TE RE LLE QUI PLEU RE

Mes chers en fants, dit un jour u ne bo nne ma man à ses deux en fants, E li se et Mi chel, vo tre tan te a u ne tour te rel le fort in tel li gen te : el le de vi ne les se crets des cœurs.

Com ment ce la, ma man ? dit Mi chel.

Hé bien, c'est que cet te tour te rel le pleu re quand elle voit un en fant fai re u ne fau te.

Je vais la pri er de me prê ter cet oi seau mer vei lleux, es pé rant qu'il pou rra m'ai der dans vo tre é du ca tion.

Chè re ma man, dit E li se, je n'ai pas be soin d'un oi seau qui me dise mes fau tes ; ma con scien ce me les re pro che a ssez, et, à son dé faut, l'œil de ma bon ne mè re, est un mi roir qui ne me trom pe ja mais.

Quant à moi, ma bo nne ma man, dit Mi chel, je te pri e de fai re ve nir cet te tour te rel le, et je se rai si gen til, si sa ge, qu'au lieu de pleu rer, elle ne fe ra que ri re et sau ti ller tou te la jour née.

# LE NID DANS LE HAUT DE LA CHEMINÉE

O bé i ssez à vos pa rents, en fants, Dieu le veut, et il vous ar ri ve rait ma lheur si vous ne leur o bé i ssez pas bien.

E cou tez u ne pe ti te his toi re.

U ne hi ron del le a vait bâ ti son nid au haut d'u ne che mi née.

Et dans ce nid, il y a vait qua tre pe tits œufs, que la mè re soi gnait bien.

Il a rri va un jour, que les œufs s'ou vri rent, et il en sor tit qua tre pe tits oi seaux.

Et com me ils n'a vaient pas de plu mes, la mè re les cou vrait bien pour les dé fen dre du froid.

Pen dant ce temps, le pè re a llait cher cher la nou rri tu re des pe tits oi seaux, et quand il é tait de re tour, tout près du nid, il cri ait : cui, cui, cui...

Et les pe tits qui com pre naient, ou vraient le bec, et le pè re leur don nait à man ger.

Les pe tits oi seaux gran di rent et les plu mes

au ssi, et le pè re et la mè re al laient cher cher leur nou rri tu re.

Cha que fois que la mè re par tait, elle di sait à ses en fants : cui, cui, cui... Mes pe tits en fants, mes pe tits ché ris, ne quit tez pas vo tre nid, car il vous ar ri ve rait ma lheur si vous le qui ttiez.

Mais un jour que le pè re et la mè re é taient bien loin, un des pe tits oi seaux vou lut voir au de hors du nid et il vit que c'é tait bien beau.

A lors il vou lut mieux voir en co re et il sor tit pres que du nid.

Oh! le petit im pru dent!... il va tom ber!... Oh! le voi là qui tom be!... Il est tom bé dans la che mi née !...

Quand le pè re et la mè re re vin rent, ils en ten di rent de bien loin : Cui, cui, cui!... No tre frè re est per du!... il est tom bé dans la che mi née!

Et le pè re et la mè re et les trois en fants eu rent bien du cha grin...

C'est ain si, pe tits en fants, que la dé so bé is san ce d'un seul fit le mal heur de tou te la fa mi lle.

## HIS TOI RE

Un pe tit en fant de vo tre â ge et qui n'a vait pas en co re qui tté la mai son pa ter nel le, ac com pa gna son pa pa dans u ne pro me na de au bois.

Le temps é tait beau, le so leil sui vait ma jes tu eu se ment sa cour se et a ni mait tou te la na tu re de sa cha leur bien fai san te.

E mi le trou vait la cam pa gne bien be lle, les ar bres bien grands, les fleurs des champs bien jo lies et les pe tits oi seaux bien gen tils de ré jouir l'ho mme de leurs dou ces chan sons.

Un peu plus loin, un ruis seau où cou lait u ne eau pu re et où jou aient de jo lis pois sons, a tti ra l'a tten ti on d'É mi le et ex ci ta de plus en plus son ad mi ra tion.

Co mme vous, mes pe tits a mis, É mi le ai mait

à s'instruire, et, marchant à côté de son papa, il ne tarissait pas en questions :

E MI LE. — Papa, qui a fait le soleil si beau, les arbres si grands, les oiseaux si joyeux, les petits poissons si agiles, dis-moi, papa, qui a fait tout cela ?

PA PA. — C'est le bon Dieu, E mi le.

E MI LE. — Mais, papa, et qui prend soin des oiseaux et des poissons ?

PA PA. — C'est encore le bon Dieu.

E MI LE. — Qui a fait les abeilles, les fourmis et toutes les bêtes que nous voyons ?

PA PA. — C'est encore le bon Dieu.

E MI LE. — Mais, papa, qui fait pousser l'herbe des champs, mûrir les moissons et les fruits ?

PA PA. — C'est le bon Dieu, E mi le.

E MI LE. — Et les arbres qui nous donnent des fleurs et des fruits ?

PA PA. — C'est encore le bon Dieu.

E MI LE. — Mais il est donc bien bon le bon Dieu d'avoir fait de si belles choses pour nous.

PA PA. — Oh ! oui, Emile, il est bien bon, bien bon.

EMILE. — Mais, papa, que dois-je faire envers le bon Dieu, puisqu'il est si bon pour nous ?

PA PA. — Il te demande une seule chose, Emile, c'est que chaque jour tu lui dises ta prière et que tu sois bien sage.

Emile joignit aussitôt ses petites mains, et, levant ses yeux bleus vers le ciel, dit à haute voix :

Notre Père des cieux, père de tout le monde,
De vos petits enfants, c'est vous qui prenez soin,
Mais, à tant de bontés, vous voulez qu'on réponde
Et qu'on demande aussi, dans une foi profonde,
    Les choses dont on a besoin.

Vous m'avez tout donné, la vie et la lumière,
Le blé qui fait le pain, les fleurs qu'on aime à voir,
Et mon père, et ma mère, et ma famille entière.
Moi je n'ai rien pour vous, mon Dieu, que la prière
    Que je vous dis matin et soir.

No tre Pè re des cieux, bé nis sez ma jeu ne sse ;
Pour mes pa rents, pour moi, je vous prie à ge noûx ;
A fin qu'ils soient *heu* reux, don nez–moi la sa ge sse ;
Et puis sent leurs en fants les con ten ter sans ce sse,
       Pour ê tre ai més d'eux et de vous.

                     Mᵐᵉ TASTU

Sa pri è re fi nie, E mi le con ti nu a ses questions et de man da à son pa pa : Où ap prend-on
ces be lles cho ses, pa pa ?

PA PA. — A l'é co le et dans les li vres.

E MI LE. — Je vou drais bien a ller à l'é co le
et a voir de jo lis li vres, pa pa.

PA PA. —Tu i ras à l'é co le a près les va can ces,
et quand tu sau ras un peu li re, on te don ne ra
de jo lis li vres, où il y au ra de be lles his toi res,
de be lles i ma ges.

La pro mes se qui fut fai te à E mi le, vous a
é té fai te é ga le ment, mes pe tits a mis.

Vous vous ê tes bien a ppli qués, vous a vez fi ni
vo tre pre mier li vre et en ré com pen se on va
vous en don ner un a vec de be lles his toi res, de

jo lies  i ma ges  et  où  vous a ppren drez  des  cho ses bien  in té res san tes.

Dans  un  de  ces  li vres ,  vous  trou ve rez  les pen sées  sui van tes :

1. — *La  crain te  du  Sei gneur  est  le  com men ce ment  de  la  sa ges se.*

2. — *Ai de-toi,  le  Ci el  t'ai de ra.*

3. — *Ne  fais  pas  aux  au tres  ce  que  tu  ne  vou drais  pas  qu'on  te  fît.*

4. — *La  pa res se  rend  tout  di ffi ci le ;  le  tra vail  rend  tout  ai sé.*

5. — *L'ins truc ti on  est  un  un  tré sor ;  l'é tu de  en  est  la  clé.*

Et  dans  un  autre  la  de vi se  par  la quel le  se ter mi ne  ce lui-ci :

*En fants,*

*Tra vail lez,  pre nez  de  la  pei ne*
*C'est  le  fonds  qui  man que  le  moins.*

# F I N

# LEÇON SUPPLÉMENTAIRE

## ALPHABET ET CHIFFRES

A B C D E F G H

*A B C D E F G H*

I J K L M N O P

*I J K L M N O P*

Q R S T U V X Y Z

*Q R S T U V X Y Z*

a b c d e f g h i j k l m

*a b c d e f g h i j k l m*

n o p q r s t u v x y z

*n o p q r s t u v x y z*

1 2 3 4 5 6 7 8 9 0

*1 2 3 4 5 6 7 8 9 0*

*Aimons-nous les uns les autres*

*1895*

LILLE. IMP. CAMILLE ROBBE

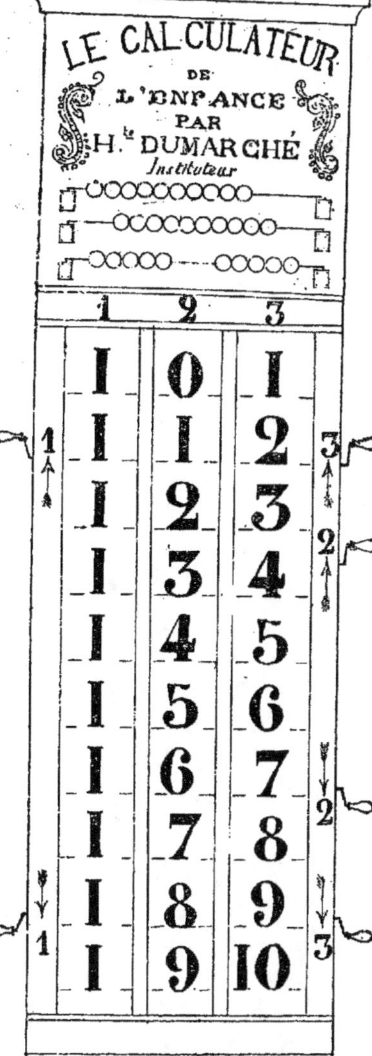

*Grandeur des chiffres*

9 782329 666150